www.ingramcontent.com/pod-product-compliance
Lightning Source LLC
Chambersburg PA
CBHW020921180526
45163CB00007B/2833
9781073100651